김선영 시집

감정 스펙트럼 노트
사라지는 빛들을 붙잡기 위한 기록

김선영 시집

감정 스펙트럼 노트

사라지는 빛들을 붙잡기 위한 기록

순수

◆ 시인의 말

이 시집은
읽히는 감정의 문서이자,
상상되는 빛의 구조물입니다.
언어가 감정을 따라가지 못할 때,

색이 그것을 대신 말해주는 순간을 위해
이 시집은 존재합니다

차례

시인의 말 · 11

1부 느껴지던 색의 날들

시놉시스	· 21
상상은 복제되지 않는다 · 1	· 22
상상은 복제되지 않는다 · 2	· 24
상상은 복제되지 않는다 · 3	· 26
상상은 복제되지 않는다 · 4	· 28
상상은 복제되지 않는다 · 5	· 30
무의식의 입구	· 32
빛의 조각들이 기억을 걷는다	· 35
빛은 퍼즐 방식으로 잠긴다	· 38
나는 발화되지 못한 풍경이다	· 40
너는 빛이기 전에 사과였다	· 42
압축된 소리를 추적하다	· 45
침묵의 방	· 46
무너진 숲	· 47
빛 아래 기억 속 사과	· 48

2부 흐릿한 조도

정박지의 심장에서는
물이 되지 못한 감정이 운다 · 51
내 귀 속, 내 입 안 · 52
숲의 한가운데, 소리의 온도 · 54
추락의 시점 그물 · 56
파도는 말하지 않는다 · 57
정박 죽음과 남은 것들 · 58
귀한, 혹은 회피 · 59
너는 정박된 감정이었다 · 1 · 60
너는 정박된 감정이었다 · 2 · 61
너는 점액이었다 · 62
너는 죽은 물고기의 눈 · 63
너는 모래 속에 파묻힌 말 · 64
리셉션 – 수신된 너의 부재에 대하여 · 65
감각의 여행 · 66
정박의 의미 · 67

3부 빛을 잃은 날의 기록

소리 없는 도착들	·71
결론 없는 수신	·72
엔진 멈춤 이후	·73
점액이 말하는 것	·74
죽은 물고기의 눈을 이해하는 시간	·75
정박의 방식	·76
리셉션 시제	·77
회로도	·78
출력된 소리를 베어 물었다	·80
출력된 계절을 잊었다	·83
프로그레스 바	·86
버퍼링하는 고백	·87
업데이트 불가의 자아	·88
감정의 압축파일	·89
다운로드 완료 알림 없음·1	·90

4부 상상의 채도

다운로드 중인 존재	· 93
백색화면과 잊힌 파일명	· 97
버퍼링 구간의 독백들	· 98
압축파일의 압력	· 100
다운로드 완료 알림 없음 · 2	· 102
시선의 프리즘	· 103
다운로드 중인 존재 · 1	· 104
다운로드 중인 존재 · 2	· 106
목소리의 피부	· 109
겹그림씨 · 1	· 110
감정의 무음구간	· 114
스크린 너머의 시간	· 115
비상등 아래, 감정의 복사	· 116
시선이 겹쳐진 날의 기록	· 118

5부 손에 남는 빛

목소리의 반사면에 귀 기울이다 · 121
되감기된 말의 촉감 · 122
손바닥 아래 감정의 중복 · 123
무음 구간의 재생 방식 · 124
출력되지 않은 감정의 포개진 형상 · 125
겹그림씨 · 2 · 126
물빛들의 착상 · 131
응고의 시제 · 135
계절의 쉼표가 겹쳐졌다 · 139
무늬의 빛을 따라간 사람 · 143
빛의 사라지는 방식에 대하여 · 146
빛을 다시 그리는 사람 · 150
색이 사라지지 않게 하기 위해 나는 쓴다 · 155
한 번도 사라진 적 없는 색 · 159

1부 느껴지던 색의 날들

입술 아래 진홍
아침의 무채
흐르는 노랑, 닫히는 회색
투명한 질투, 혹은 맑은 초록
손등에서 자라는 푸름

감정이 색으로 또렷했던 시간.
이제는 믿을 수 없을 만큼 선명했던 과거.

시놉시스
- 잃어버린 방에서의 독백

한 화자가 **기억의 방**이라 불리는 공간을 헤맨다
이 방들은 겹겹이 존재하며
각 문은 심리의 왜곡된 지점이다

그는 화선지로 덮인 천장 아래
시계가 없는 시계탑,
소리를 지우는 식탁,

썩지 않는 사과나무가 있는 정원을 지난다
그의 유일한 임무는
"상상을 복제하는 법"을 찾는 것이다

그 여정은 곧 **가식된 언어**와 **타인의 이미지**로
각색된 기억만을 마주하게 된다
모든 것이 알레고리다

모든 문은 결국 같은 방으로 돌아간다

**상상이란 복제될 수 없고
단지 누설될 뿐이라는 것을**

상상은 복제되지 않는다 · 1

시계각침 한 조각
시간은 매 순간 새로운 음자리를 고른다

사과나무 아래 앉아
보이지 않는 알갱이들을 세어본다
하나, 둘, 사라지는 셋,
목소리는 아직 도달하지 않은 식탁의 초점처럼 흐릿하다

초점이 맞춰질 때마다
다른 타이밍으로 미끄러진다
상상은 절대 복제되지 않는다
그건 눈빛 속 미세하게 떨리는 그림자 때문이야

아주 간절한 순간
유희를 가장한 외연을 접는다
무언가를 담기엔 너무 얇은 종이 위에서
심리는 붓끝처럼 떨리고

네가 있던 자리에 음표를 남긴다
그 미묘한 떨림이 나를 이끈다

다시, 다시
복제할 수 없는 상상의 가장자리로

상상은 복제되지 않는다 · 2

화선지는 살갗이다
젖은 숨결로 번지는 먹의 궤적처럼
나를 그린다
매번 타인이 된다

시계 각 침은 정오를 거절한 채
45도의 비스듬한 태도로 멈춰 있다
그것은 시간의 문장 부호가 아니라
금 간 거울 속 내 얼굴의 잘못된 대칭이다

그 또한 연주되지 않은 비명
사과나무는 뿌리로 울고
알갱이들은 내가 씹지 못한 문장들
의미보다 먼저 깨진 질감의 잔해

중심을 잃고 기울었다
초점을 맞추려 애쓰지만
사물들은 모두 옆 눈으로만 존재한다

간절함은 이제 관절처럼 삐걱거리고
심리는 관성 없는 진술을 삼킨다

손목이 아니라 혀끝으로

상상은 복제되지 않는다
한 번도 같은 방식으로
기억된 적이 없기 때문이다
낯섦이야말로 유일한 반복이다

텅 빈 페이지를
가드레일 삼아 걷는다
넘어질 수 없기에
끝까지 쓰는 것이다

상상은 복제되지 않는다 · 3

물이 스며든다
붓은 대답하지 않는다
검은 피가 번진다
그것을 시라 부른다

시간의 방향은 나를 향해 누운 칼
정확히 3시 17분, 기억의 왼쪽 귀가 잘려 나간다

벽 속에서 피는 곰팡이
건반 없는 피아노가 그 위를 걷는다
소리는 없다, 단지 진동만 있다 이름의 잔향처럼

사과나무
껍질 안에서 썩고 있는
아주 작은 새의 무덤

알갱이들은 숨을 쉰다
혓바닥에 붙어
지워지지 않는 점자처럼 나를 읽는다

그 위엔 식지 않은 그림자가 있다
그것은 누군가의 뒷모습
아직 젖은 채로 앉아 있다

초점은 항상 너머에 있다
초점 바깥에서
말 대신 흐림으로 대화한다

고의적으로 어긋난다
미끄러지고, 상상은 굳는다
뜨거운 밀랍처럼 제 형태를 스스로 부순다

상상은 복제되지 않는다 · 4
- 왜곡의 방

방을 지난다
벽은 종이로 되어 있고
익명의 얼굴들이 붓자국처럼 번진다

첫 번째 방
시계는 돌아가지 않는다
각 침이 사라진 탓이다
누군가의 발소리
고백의 맥박

두 번째 방
식탁은 비어 있다
그 위엔 앉을 수 없는 그림자들이 포개져 있다
숟가락 대신 혀를 담근다
말을 뱉는 대신 침묵을 씹는다
맛은 가식이다 질감은 기억이다

세 번째 방
정원이다
사과나무 아래 알갱이들이 모래처럼 흐른다
그건 시간이 아니라 부정된 선택의 씨앗이다

손에 쥐지 못한다
대신 발밑이 기울어진다
정원은 식탁 위로 넘어지고 내부로 떨어진다

마지막 방
벽이 없다, 초점도 없다
여기선 상상이 복제되지 않는다
그건 생물처럼 흐른다
가면을 벗는 순간 나를 버린다
복사된 나를 쫓다
원본이 없다는 사실에 멈춘다

문 앞에 선다
그 문은 처음 본 것이다
손잡이는 익숙하다
또다시
같은 방으로 들어간다

상상은 복제되지 않는다 · 5
– 두 번째 장르

첫 번째 장르에서는
모든 것이 제 기능을 했다
문장은 말을 했고, 사과는 열매였으며
나는 나였다

두 번째 장르로 진입했다
이곳의 사과는
갈라진 이마에서 떨어지는 상처였고
문장은 반으로 접혀 있었다
그 접힌 틈에서 새가 울었다
날지 못하는 새는 알레고리였다

그 위엔 누군가가 쓰다 만
설명서가 있었다
"이 방에서는 초점 없이 사는 법을 배운다"

가식의 문장을 읊었다
"괜찮아요, 다 괜찮아요"
식탁이 소리를 삼켰고
한 박자 늦게 모든 진실은 농담이 되었다

두 번째 장르는 기억을 허용하지 않는다
여기선 과거도 복수의 문장을 가진다
한 번에 여러 방식으로 후회했다

마지막 장면
화선지로 만든 옷을 입고
사과나무 아래 누워 있었다
나를 가리키는 시계각침은 없었고
음자리는 없지만, 음악은 있었다
그 음악은 내가 죽일 수 없었던 상상이다

그것이 이 장르의 규칙이다
복제는 불가능하고
기억은 곡선이며
끝은 반복된다

무의식의 입구

검은 잉크가 꿈틀거리고
아직 이름이 없다
입 안에 고인 언어는
말이 되기 전의 물

3시 불면과 기시감
시계는 돌지 않는다
대신 벽이 미세하게 움직인다
음자리가 뒤집히고
이미 말한 적 있는 미래를 들었다
내 심리는 낡은 테이프처럼
다시, 다시, 다시 같은 문장을 재생한다

6시 가식의 개화
사과나무가 눈을 뜬다
사과는 말한다
"진실은 씨앗에 있다"
쓴맛은 나의 것이다
그 쓴맛을
'괜찮아'라고 발음했다

9시 사회적 위장
식탁이 세팅된다
접시 대신 거울이 놓여 있다
얼굴을 벗고
가장 잘 보이는 나를 착용한다
그 웃음은 복제품이다
그 웃음은 완벽하다

12시 정오, 붕괴의 심연
그림자가 나를 삼킨다
태양은 정지했다
심리는 반사되지 않고
안쪽으로 붕괴한다
말은 의미가 아닌 소리로만 남는다
"나야"라고 말하지만
그 소리는 "누구?"로 되돌아온다

15시 기억의 기울기
알갱이들이 흩어진다
하나하나가 잊은 것들의 입자다
그것들을 모아
문장을 만든다

그 문장은
도착하지 않는 편지

18시 되살아나는 은유
시간은 멈췄고
대신 비유들이 살아난다
사과나무는 다시 꽃을 피우고,
음자리는 등뼈를 타고 흐른다
그 선율에 내가 죽인 상상은 숨 쉰다

21시 복제 불가의 자각
하루를 썼다
모든 장르는 통과했고
모든 심리는 거울을 통과했다
원래 없던 초점
복제되지 않는
고유의 왜곡 상상이다

빛의 조각들이 기억을 걷는다

그날 숲은 말을 잃었다
잎사귀들 틈에
빛의 조각들이 끼어 있었고
그 조각들은 눈보다 먼저
내 안의 기억을 찔렀다

사과는 이미 떨어져 있었다
물기 없는 껍질 아래
묻힌 꽃술
그건 어떤 이름보다 먼저
나를 떠났던 너의 중심이었다

꽃술은 말랐지만 향은 남았고
그 향으로 길을 더듬었다
그 길 위엔
꽃뱀이 있었다
말 대신 꽃가루를 토하는 생명
그 소리는
웃음과 울음 사이 어딘가였다
그건 내 기억의 청각이다
소리가 아닌 잔향

말이 아닌 감각의 반복,

숲 안으로 더 깊이 걸어 들어간다
나무들은 눈을 감은 얼굴처럼
햇빛을 흘려보냈고
그 사이로 퍼진
빛의 조각 하나하나가
과거의 파편처럼 내 몸을 스쳤다
어떤 빛은
이름을 부르기 직전의 침묵이고
어떤 빛은
우리가 마지막으로 바라본 사과나무의 붉은 입술이다

기억의 중심에서
꽃술을 꺼낸다
그건 더 이상 향이 아니라
진실의 색이다
말로는 묘사할 수 없는 분홍빛 균열
내가 삼켰던 마지막 말의 구조,
비로소
숲이 반응한다

꽃뱀이 숨을 멈추고
빛의 조각들이 날아오른다
이제 그것들은 더 이상 퍼즐이 아니다
완성된 이미지가 아니라
말의 안쪽에서 피어난
소리 없는 문장이다

기억은 끝나지 않는다
그건 다시 사과가 되고
사과는 다시 입술이 되고
입술은 다시 침묵이 된다
그 침묵 위에서
다시 걷는다
빛은 내 발밑에서
꽃처럼 부서진다

빛은 퍼즐 방식으로 잠긴다

빛은 퍼즐 방식으로 잠긴다
각 조각은 여름의 표정을 닮았다
햇살은 웃고 있었지만
그 웃음에는 점 하나가 찍혀 있었다
그 점은 문장이 아닌
사라진 방향의 단서였다

대신 발끝 아래 습지가 부풀고 말 대신 물이 자랐다
그 물은 문장도, 울음도 아니었다
그저 젖는 감정의 표면

걷는다 말하지 않고
실어증은 내 입술이 아니라
풍경에 들러붙은 이름이었다
나무는 자신을 "식물"이라 말하지 않고
습지는 자신을 "기억"이라 말하지 않는다
그것들의 말 없는 고백을 본다
잎맥, 눅눅한 기온 잠긴 그림자들

빛이 반사되지 않고
대신 접힌다

그 반사 없는 빛은
내 눈 속에서 길을 잃는다
이 시선은 점 하나를 잃었고
끝에서 시작을 바라보는 중이다

모든 것이 잠겨 있다
사과는 익지 않았고
음자리는 들리지 않고
문장은 구조가 없다
그러나 시는 말한다
낯선 것이 아니라
낯선 채로 존재해야만 했던 나의 형상이다

퍼즐을 맞추지 않는다
그저 하나씩 꺼낸다
손끝에서 젖은 점 하나
그 점은 여름의 울음이고
그 울음은 내 안에서 멈춰 있던 빛이다

나는 발화되지 못한 풍경이다

빛이 도달하지 못한 지점
여름이 침묵으로 굳어가는 곳
내 피부는 물이 아니라
말이 스며든 흙이었다
그 말은 도착하지 못한 문장이었고
그 문장은 입술보다 먼저 젖었다

길이 되지 못한 지도였다
발자국 없이 잊힌 방향
점 하나 없이 흐른 시간
내 위를 걷는 자들은
항상 말끝을 잃고 돌아갔다

그들의 실어증을 기억한다
울음과 단어 사이
포기된 진술들의 밀도
내 뱃속에 가라앉은 점들이
밤마다 기포로 떠오른다
그 기포는 물음표가 되지 못했다

거울이 아니다

그러나 너는 내 표면에
비추려 했다
흙과 물로 대답했다
"무서워"라 하지 않았지만
두 눈이 퍼즐처럼 흔들릴 때
너는 안쪽으로 걸어가고 있었지

나는 풍경이었고
단 한 번도 발화된 적 없는
가장 정직한 문장

다음에 누군가 이 길을 잃을 때
사라진 이름으로
젖은 표정으로
빛의 잔해로

너는 빛이기 전에 사과였다

사과였다
정확히 말하자면
빛이 아직 너에게 도착하기 전
그 표면의 온도에서
너의 이름을 떠올렸다

그건 혀끝에 닿기 전에
향으로 울던 과일
그 울음을 베어 물었고

그 순간
네 입술의 주름이
꽃술처럼 흩어졌다

종종 빛보다 먼저 도착했다
내 시야에 없는 방향에서
숲의 가장자리에서
그림자처럼 불렀다

어느 날
빛은 퍼즐 방식으로 너를 잠갔다

이름은 단어가 아니라
점 하나가 되었고
그 점은

모션으로 움직이는 생명
소리를 삼키고 향으로 말하는 생명
네 몸짓에 중독되었고
그건 내 실어증의 기원이었다

숲의 중심에서
이름도 없이
사과의 색으로
빛의 각도로
꽃술의 질감으로

먼저 사라진 채로

기억의 알갱이로
사과의 점 하나로
침묵이 남긴 숲의 떨림으로

그리고 이 시는
너의 잔향으로만 쓰인다

압축된 소리를 추적하다
- 무음의 구조

소리는 사라진 것이 아니었다
단지 압축되었을 뿐
감정의 밀도로
빛이 닿지 않는 내면의 골목에
말 대신 접힌 채 묻혀 있었다

그 소리는 정면을 향하지 않았다
옆에서 들렸다
가장자리에만 머무는 말
숨겨진 이름의 진동
그 방향으로 걸었다

침묵의 방

첫 방은 침묵으로 덮여 있었다
벽지에는 너의 얼굴이 찍혀 있었고
그 표정은
말을 막기 위해 스스로를 문질러 지운
여름의 표정이었다

벽에 귀를 댄다
"나는 괜찮아"
그 말의 음소가
벽 안에서 울리고 있었다

말한 적이 없고
들은 적이 없는데
그 말이 방 전체를 메우고 있었다

무너진 숲

소리는 숲 속으로 사라졌다
그곳은 시각을 거절하는 풍경
모든 것이 덜 보이고
더 들리는 공간

나뭇잎은 부서지는 종이
꽃술은 찢어진 진술서
뱀은 나의 혀와 같았다
말하지 않고도
무언가를 알아챘던 날들의 촉감

나무들 사이에서
한숨을 줍는다
그건 오래된 음악처럼
자꾸만 맨 처음 구절로 돌아왔다

빛 아래 기억 속 사과

빛 속으로 나온다
그 빛은 퍼즐처럼 분절되어 있었다
그 조각 사이로
사과 하나가 부유한다

그 사과는 먹히지 않았고
던져지지도 않았다
그건 말해지지 않은 사과였다
이해받지 못한 감정의 상징

사과 속으로 귀를 댄다
심지에서
너의 목소리가 났다

"내가 사라졌던 이유는"
그 다음 문장은
사과가 붉게 터지며 사라졌다

남겨진 소리의 잔해를
손에 쥐고 돌아선다

2부　　　흐릿한 조도

색은 여전히 빛이었지만
보라의 끝에 선 톤안
진동하지 않는 온도
색채의 무게, 말의 두께
바람에 젖은 치도

빛은 있는데, 색은 사라진다.
말은 있는데, 감정은 망설인다.
이 시절은 '감정의 그림자 시기'.

정박지의 심장에서는
물이 되지 못한 감정이 운다
- 바다라는 무의식

바다는 얼굴을 감추고 있었다
빛은 침묵의 피부에 부딪혀 되돌아오지 않았고
소리로 위치를 감지했다

엔진 소리가
심장처럼 규칙 없이 박동했다
누구의 마음인지 알 수 없는 금속음
그것이 이 바다의 이름이었다

내 귀 속, 내 입 안

돌아와
내 귀에 손을 댄다
그 안엔 여전히
미완성 문장이 울리고 있었다

입이 움직인다
말하려는 것이 아니라
소리를 복원하려는 몸짓
그건 내가 말하지 않았던 모든 말의
반사운

압축된 소리를 추적했으나
결국 그 소리는
내가 삼켜 버린 말이었다

그래서 이 시는
귀로 쓰고
혀로 읽는다

소리는 돌아왔다
단지 의미 없는

진동이 아니라
기억의 구조를 다시 조립하는
하나의 시작으로

숲의 한가운데, 소리의 온도

그 숲에는 색이 없었다
초록도, 갈색도
말라가는 잎의 황금빛도
모두 귀로만 느껴졌다

소리들이 자라고 있었다
꽃술이 떨어질 때 나는
작고 단단한 파열음
나뭇가지가 제 무게를 못 이겨 부러지는
숨결 같은 균열

그건 비명이 아니었다
단지
어떤 감정이 너무 조용하게 무너질 때 나는 음,

숨을 죽이고
숲의 중심에 선다

그 호흡은 아직 나무에 매달려 있었다

발자국 소리가 부서졌다

내가 밟은 낙엽이
오래된 편지처럼 들렸다
찢지 못하고
쓴 이도 받는 이도 사라진
종이의 무게

그 위를 걷는 독백이 아니라

발화되지 못한 대화를 따라 걷고 있었다

침묵과 침묵 사이의 인장으로

그 짧은 울음 하나로

추락의 시점 그물

던져졌다
그물은 나를 잡으려는 것이 아니라
기억을 걸러내는 장치였다

걸린 것들은
전부 잊히지 못한 말
기억 속에서도 물고기처럼
숨이 멎지 못한 감정

말 대신 점액에 싸여 있었다
그 점액은 몸이 아니라 감정의 껍질
벗기지 않으면 아무 말도 꺼낼 수 없었다

파도는 말하지 않는다

파도는 말을 하지 않았다
대신
모래를 쓸었다

모래
말의 찌꺼기
사라진 시간의 알갱이
입에 넣을 수 없는 회상

한때 너와 함께 걷던 해변을 기억하지 않았다
하지만 발바닥은 기억하고 있었다
깊이 남은 발자국
모래가 아직 덮지 못한 흔적

정박 죽음과 남은 것들

배가 아니다
하지만 정박되었다
움직임 없이
깊이 없이
시간 없이

정박이란
돌아갈 수 없다는 것이 아니라
떠날 이유가 사라진 상태

이 바다는
누군가가 죽은 다음에도 계속 부유한다

죽은 물고기를 본다
눈이 열려 있었고
입은 마지막 호흡을 반복하고 있었다
소리는 없었다
하지만 물이 그 몸 위에서
조용히 무너졌다

귀한, 혹은 회피

다시 떠오른다
그물은 아무것도 건지지 못했고
점액은 뺨을 타고 흘러내렸고
엔진 소리는 멀어졌다

나를 모래 위에 눕혔다
정박된 것과 해변에 던져진 것은 다르다
하지만 감정의 체온은
어차피 어디에도 닿지 않는다

마지막으로
죽은 물고기의 눈을 떠올렸다
그 눈은 내가 한 번도 말하지 못한
말의 색이었다

파도가 그것을 삼켰다
그건 끝이 아니라
또 다른
다른 침묵의 구조였다

너는 정박된 감정이었다 · 1
- 너는 물이 아니었다

파도 속에서
너를 찾지 않았다
너는 물이 아니라
떠오르지 않는 감정의 무게였으니까

그날 바다엔 빛이 없었고
대신 너의 침묵이
수면 위로 그물처럼 펴져 있었다

그 그물은
내 말의 잔해를 낚지 않았고
오히려
말하지 못한 나를 걸러냈다

너는 정박된 감정이었다 · 2
  － 너는 사라진 엔진 소리

떠난 날
엔진은 멈췄다
모터의 진동은 끊겼고

그 진동 안에서만 간신히 유지되던
방향감각도 사라졌다

소리가 없는 바다는
거울보다 잔인했다
아무 말도 남기지 않았지만
네가 지워진 소리의 자리에
그대로 정박되었다

너는 점액이었다

너는 점액으로 남았다
피부에 붙은 감정
혀를 감싸안은 말의 형태

설명할 수 없었다
단어가 아니라
내 입 속에서 응고된 침묵이었기에

너는 죽은 물고기의 눈

해변에서
누구의 이름을 부른 적 없다

죽은 물고기의 눈으로
보고 있었기 때문이다

그 눈은 물기를 머금고 있었고,
그러나 다시는 깜박이지 않았다

그 시선을
'끝'이라 부르지 않았다
그건 너무 생생했으니까
살아 있는 듯 정지된 감정

너는 모래 속에 파묻힌 말

모래에 귀를 댄다
그 안에서 네 말이 썩고 있었다
아직 문장도 되지 못한 채
소리의 잔해로 부서진 채

정박된 배 옆에서
이 시는
바다보다 느리게 무너진 것들을 기록하는 것
모래, 점액, 그물, 파도,
그리고 누군가 남긴 무음의 윤곽으로

아직 떠나지 않았다
그건 기다림이 아니라
사라진 것을 따라
더 이상 앞으로 나아갈 수 없는 상태

내 몸 안에서 다시 조립하고 있다
부서진 말이 아니라
죽음의 감정이 남긴
정박된 온도로

리셉션 – 수신된 너의 부재에 대하여

지연된 도착

그때 나는 아무것도 느끼지 않았다
파도는 여전했고
모래는 건조했으며
그물은 텅 비어 있었다

어떤 부재가
내 내부 어딘가에 도착했다

그건 시간의 문제였다
감정은
항상 지연된 소포처럼 도착하니까
낡고, 접히고
주소조차 흐려진 상태로

그 소포를 열었고
그 안엔
죽은 물고기의 눈동자가 있었다

감각의 여행

지금 들리는 엔진 소리는
실제로는 사라진 진동이다
그러나 내 귀는

이제야 그 진동을 받아들인다
이 늦은 리셉션이
나를 과거로 되돌린다

지금에서야
그때의 고요가
이별의 형태였다는 걸 이해한다

정박의 의미

그 부재를 받아들이는 동안
자연스럽게 정박되었다

이 배는 떠날 수 있었다
도착하는 감정들을
하나씩 수신하느라 늦어졌다

파도는 진작 지나갔지만,
그 무게는 이제야 나를 덮는다

3부   빛을 잃은 날의 기록

색의 공백을 보는 기술
무색의 감정, 이름 없는 붕괴
투명한 공포
사라졌지만 남아 있는 것
"오늘, 색이 떠오르지 않았다"

이 장은 기록이다.
색이 지워진 후,
감정은 어떻게 살아남았는가에 대한 고백.

소리 없는 도착들

지금에서야 알게 된 건
점액은 눈물이 아니라
마침내 체득한 감정의 점성이었고
죽은 물고기의 눈동자는
마지막 시선이 아니라
내가 못 본 마지막 장면이었다는 것

이 모든 것들이
지금,
내 안에 도착했다

결론 없는 수신

여전히 정박된 채
리셉션을 계속한다

느리게 오는 감정들
불완전하게 오는 기억들
소리 없는 파도들

이것은 끝이 아니라
도착하는 중이다
그리고 시는
그 도착의 잔향을
청취하는 방식으로만 쓰일 수 있다

엔진 멈춤 이후

부재는 언제나 조용하지 않았다
그날 엔진은 멈췄고
멈춘 소리의 윤곽을 오래도록 기억했다
소리는 멈췄지만 진동은 남았고
그 진동 속에서
내가 사라진 방식과 나의 무너짐을 동시에 읽었다
이제야 그 진동을 수신한다
멀어진 것을 향해 매일 귀를 기울인다
들으려는 건 말이 아니라
남겨진 침묵의 엔진음이다

점액이 말하는 것

물고기보다 먼저 나를 덮친 것은
파도보다 오래 내 몸에 남은 것은 점액이었다
그것이 감정의 액체적 잔여물임을 몰랐다
지금에서야 알겠다 삼킨 말들이
입안에 삼킨 모든 울음이
점액이 되어 피부에 고여 있었다
그건 씻겨나가지 않는다
감정은, 점액처럼
항상 한 겹 남는다

죽은 물고기의 눈을 이해하는 시간

그 눈을 한참 바라봤다
눈은 나를 보았지만
그것이 너일지 모른다는 생각조차 하지 못했다
그 눈이 지닌 열려 있음과 멈춰 있음의
이중적 구조를 나는 읽는다
정지된 시선이 가장 오래 남는다는 것을
가장 무언가를 말하고 있는 눈은
말하지 않는 그것이라는 것을

정박의 방식

움직이지 않는 것을 오래 두려워했다
정박된다는 건 포기처럼 느껴졌고
그래서 자꾸 움직이는 척을 했다

정박이란 기다림이 아니라
리셉션의 장소다
나는 떠날 수 있었지만
모든 것을 받아들이기 위해 이곳에 머물렀다
정박은 내 안의 도착지를 여는 가장 조용한 의식이다

리셉션 시제

감정은 항상 늦게 도착한다
누군가를 사랑했는지
미워했는지 조차도
그가 사라진 후에야 천천히 받아들인다
시간은 직선이 아니고
기억은 즉시 반응하지 않는다
지금 나의 감정들이 속속 도착하고 있는 장소다
이 시는
내가 쓰는 것이 아니라
감정이 내게 도착하며 말하는 방식이다
나는 다만 리셉션 중이다

회로도

메신저 검색 중

'무미건조한 삶'

여섯 개의 음절로 너의 안부를 짐작하지

바코드를 찍으면 해체된 선에 닿을 수 있을까
쇼핑의 온도를 한 번 더 차단하면
행이 나뉜 것이 연결이 안 된다

95프로의 쇼핑을 보고 있는
나는 내가 왜 나인가

검색창의 연결된 메시지는 대화의 기술이 필요해

쉼표가 없는 이야기,
끝말을 품으면 자취를 감췄던
둘 사이의 간격이 되살아날 것 같은데

어떻게 지냈냐고 설명하지 않아도
겹쳐지는 것들이 있다면

아직 내가 수신자가 될 수 있다고

무미건조한 삶

아직 못 빠져나온 마음이 거기 있는데
가장자리에 닿으려는 위로까지 버려야 할까
나를 닮은 너는 또 다른 감옥인데

시계초침은 감정선을 돌고 있어

출력된 소리를 베어 물었다

봄이었다
벚꽃보다 먼저 개화한 것은
출력된 소리였다

스피커 밖으로 튕겨져 나온 너의 말
마치 축제에서 터지는 폭죽처럼
너무 빠르게, 너무 밝게
내 고막을 때렸다
그것을 피하지 않았다
오히려
베어 물었다

그 소리는 달콤했다
첫 입은 설탕 같았고
둘째 입은 약간 타는 맛이 났고
셋째 입에는
울음이 들어 있었다

울음은 소리가 아니었다
감정의 밀도였다
그 밀도를 삼켰다

입 안이 무거웠다
혀가 말을 떠올리기 전부터
이미 **슬픔의 질감이 퍼져 있었다**

벽을 바라보았다
축제의 현수막이
거기 걸려 있었고
그 안엔 아무것도 쓰여 있지 않았다
그건 문장이 아니라
축제가 포기한 문법이었다

계단은 위로만 연결되어 있었다
아래로 내려가고 싶었지만
모든 감정은 상승 중이었고
다리는 떨리고 있었다
진땀이 흘렀고
그건 **내 몸이 이해하지 못한 기쁨의 잔여물**이었다

버들가지들이 흔들리고 있었다
그건 봄의 몸짓이 아니라
내 안에서 흔들리고 있는 감정의 외피였다

시계탑 위로 시간이 기어오르고 있었다
각침이 울지 않아도
내 몸에 도착한 시각임을 알고 있었다

다시 출력된 소리를 베어 물었다
이번엔 삼키지 않고
오래도록 혀 위에 올려두었다

단순한 말이 아니라
봄이라는 시제의 구조였다

봄이 아닌 계절로
말없이 걸어갔다

출력된 계절을 잊었다

계절을 모니터에서 본다
올해의 봄은 2.3초 늦게 렌더링되었고
가을은 해상도 오류로 누락되었다
눈은 내렸지만
그건 창문이 아니라
기억 속 영상 재생기의 기능이었다

출력된 계절을 잊었다
실제로 겪은 적 없는 감각이었기 때문이다

뉴스에서는
버들가지가 피었다고 말했다
SNS엔 피크닉 필터가 번졌다
그러나 방의 온도는
24도로 고정되었고
진땀이 날 이유를 잃었다
그건 감정이 아니라 자동 반응이었다

계절이 내게 도착하지 않았다
눈동자는 사계절 모드를 껐다

계절이 바뀌는 순간을
인식하지 못했다
시간은 점이 아니라
끊어진 선분처럼 툭툭 멈췄고
기억은 자동 저장이 되지 않았다

봄은 다시 오지 않았다
정확히 말하자면
출력은 되었지만, 실감되지 않았다

사람들이 웃고 있었고
꽃이 피었다고 했다
그러나 그 웃음은 jpg 확장자였고
꽃은 프리셋 텍스처였다

느끼지 않은 계절은 기억되지 않는다

출력된 계절을 꺼냈다
마치 오래된 종이처럼 접혀 있는 그것을
거기엔 벚꽃의 색이 흐려져 있었고

파도의 흔들림은 무음으로 처리되었다

접힌 계절을 손에 쥐고
기억이 아닌 감각을 기다렸다
그러나 아무것도 오지 않았다
아무 냄새도, 소리도
아무 열기도 없이

그것이 계절이 아니라
인쇄된 시간의 탈을 쓴 공백임을
그제야 알았다

나는 계절을 잊었다
출력되었다는 이유만으로

프로그레스 바

47%쯤 이해한 상태였다
감정은 아직 다운로드 중이었고
기억은 서버 오류로 종종 튕겨나갔다
"나"라는 파일은 너무 커서
하루에 감당할 수 있는 용량을 초과했다
내 안의 일부분만 응답했고
나머지는 흰 화면처럼 멍했다
다들 "괜찮냐"고 물었지만
아직 설치되지 않은 상태였다
그래서 괜찮지 않은 것도
아직은 판단할 수 없었다

버퍼링하는 고백

누군가를 사랑하고 있지만
그 사랑이 전송되지 않았다
말은 목젖까지 올라왔다가
다시 내려갔고
혀는 재생 중인 영상처럼 떨렸다
누군가에게 건넨 말은
"괜" 까지만 도달했고
나머지는 버퍼링 중이었다
그 공백 속에서
반응을 추측해야 했다
그러나 감정은 추측으로는 완성되지 않는다
아직도 고백을
다 하지 못한 상태로 살아 있다

업데이트 불가의 자아

내 안에 시스템은 구 버전이다
나를 둘러싼 세계는 매일 패치되지만
업데이트 로고조차 받지 못한다
새로운 감정 언어는
나에겐 에러로 뜨고
같은 패턴을 반복 클릭한다
좋아하는 것을 두려워하고
사라질 것을 미리 상상하고
미워하는 척하며
자기를 보호한다
정체성은 지금도
"설치 중 오류 발생" 상태다
나는 나를 다시 시작할 수 없다

감정의 압축파일

모든 감정을 zip 파일로 만들어
가슴 아래에 저장해 두었다
누군가는 나를 열어보면
압축을 푸는 동안 울게 될까봐
그냥 그대로 묶어두었다

이따금 그 파일이 자동 실행될 때가 있다
아무것도 말하지 않고
숨소리만으로
그 감정의 압력을 견딘다
감정은 용량을 초과하지 않지만
해체된 순간에는
나를 파괴할 수 있다

다운로드 완료 알림 없음 · 1

아무도 말해주지 않았다
완성되지 않았다는 걸
누가 감정을 끝까지 받았는지
어느 부분에서 오류가 났는지
아무도 확인해주지 않았다
상대는 일부만 받았고
나머지는 손실된 채
감정은 맥락 없이 부유했다
그리고 나는 깨달았다
우리는 모두
다운로드 완료되지 않은 존재들이라는 것을
그래서 외롭고
그래서 기다리고
그래서 말이 끝나지 않는 것이다

4부　　　　상상의 채도

눈에 보이지 않는 빛깔을 상상하는 일
공기의 촉감으로 그린 붉음
감정의 잔향을 재현하는 손
침묵 위에 물든 무늬
빛을 다시 그리는 사람

여기부터는 회복의 서사이자 상상력의 작업실
감정은 다시 색이 되기 위해 상상의 언어 위에 눕는다.

다운로드 중인 존재

0%
나는 나를 다 말하지 않았다
아니, 말하려고 했지만
그 말은
도달하지 않았고

12%
나는
버퍼링 중이야
말의 앞부분은 도달했고
뒷부분은 공중에 걸려 있어
네가 들은 건
"괜…"
그러니까 다시 말하자면
나는 괜찮지 않다는 말조차
완성하지 못한 사람이야

26%
감정은
압축되어 있었어
zip 확장자의 형태로

가슴 아래에 저장함
클릭 금지
※ 자동실행됨

38%
다운로드 오류
"사랑" 파일은 손상되었거나
지원되지 않는 형식입니다
그때 나는
너를 좋아했지만
너는 그것을
받지 못했지
아니, 받아도
해석되지 않았을 거야

51%
계속할까요?
Y, N

잠시 멈춤

64%
나의 감정은
서버에 없다
오프라인 상태에서 작성됨
수신 대기 중
수신 실패

78%
누군가 내 안의 파일을 열어
이해해 줄 거라 믿었지만
그건
백신 프로그램에 의해 차단됨
"위험 가능성 있는 감정"
진단됨

90%
나는 말의 중간에 산다
처음과 끝 사이
해석되지 않은 구간
이름 붙이지 못한 울음

99%
설치 완료
아니,
아직 한 문장이
남아 있었다
나는 너에게
무엇을 말하려던 걸까

완료 알림 없음
다들 괜찮은 척을
정상적으로 실행 중이지만
나는 여전히
다운로드 중인 존재
응답하지 않는
버전의 나로 살아간다

그러므로 이 시는
누락된 감정들을
읽는 것이 아니라
기다리는 방식으로
듣는 것이다

백색화면과 잊힌 파일명

무대 전체는 희뿌연 안개로 덮여 있다
중앙에 *심장처럼 느릿하게 깜박이는 프로그레스 바*
한 인물(혹은 그림자)이 화면 속 어딘가에 있다

그는 관객을 보지 않는다
대신 허공을 향해 말한다
자신이 누구인지 모르겠다고
"나"라는 존재가 아직 열리지 않았다고
기억은 암호화되어 있고, 감정은 잠겨 있다
그는 아직 다운로드 중이다
자기 자신을

오디오 저주파 진동
산산이 깨지는 듯한 목소리
"접속 오류 파일 찾을 수 없음"

무대의 빛은 점점 어두워진다
그러나 그의 목소리는 반대로
조금씩 선명해진다

버퍼링 구간의 독백들

계단이 설치된다
계단은 천천히 기울어진다
그 위에 인물이 걷는다
한 걸음, 멈춤, 두 걸음, 되감기
그는 고백을 하려다 말의 중간에서 멎는다

"사랑해"
정지
"하지 말 걸 그랬나"
"되감기"
"괜"
멈춤
그는 스스로를 되풀이한다
마치 말의 일부가 누락된 채
계속 로딩되는 존재처럼
배경에 영상이 흐른다
무언가 계속해서 로딩 중이다
그러나 그 바에는 **숫자가 없다**

이 장면은 하나의 감정이
전달되지 못한 상태로 부유하는 시간을 형상화한다

사랑, 후회, 용서, 분노
모두가 완성되지 않은 어조로 입 안에 맴돈다

압축파일의 압력

무대 중앙에 거대한 zip 파일 모양의 구조물
그 안에 감정들이 누워 있다
웃고 있는 표정, 울고 있는 손
문장 없이 떨리는 어깨들

주인공은 그 파일을 열려고 한다
손이 떨리고
비밀번호를 기억하지 못한다

"그날의 울음"
"그 사람의 눈빛"
"그때 내가 삼켰던 말"

그는 비밀번호 대신
소리 없는 몸짓들을 입력한다
파일이 조금씩 열리고
안에서 감정이 물처럼 흘러나온다
무대 전체가 젖는다

오디오 파열음, 물방울 소리, 깨진 목소리의 중첩
"너는 나를 다 받지 못했지

괜찮지 않았는데
설명은 안 해도 알 줄 알았어"

감정은 해제된다
온몸에 쏟아진 물은
무대 바닥으로 스며들며 사라진다

다운로드 완료 알림 없음 · 2

무대는 다시 희어지고
한 줄 텍스트가 떠오른다

"완료 알림 없음"

인물은 스스로를 바라본다
마치 지금 막 도착한 메일처럼
열어보기도 전에
삭제될까 두려운 상태로

"나는 아직 설치 중이다
자신조차 아직 다 받지 못했으니까"

빛도, 음도 없다
무대 전체가 하나의 **미완성 메시지**처럼 남는다

카운트다운 소리만이 울린다
3. 2. 1. 재시작 중

시선의 프리즘

나는 너를 본 게 아니다
빛이 네 얼굴을 건드리고 튕겨 나온
그 반사된 단면을 본 것이다

네 입이 열렸을 때
말보다 먼저 **눈으로 울음을 인식**했다
그러나 이상하게도
네 울음은 웃는 입꼬리로 남았다

시선이 왜곡된다는 걸 안다
감정이 프리즘을 통과하면
기억은 굴절되어 저장된다

지금 떠오른 네 얼굴은
그렇게 받아들인 너의 겹그림이다

다운로드 중인 존재 · 1
– 모노로그

무대엔 은은한 저음 인물은 정면을 보지 않는다
말은 자기 안에서 튕겨 나온 것처럼 어딘가 불안정하다

아직 나를 다 받지 못했어요
누군가
"괜찮냐"고 물으면
항상 그 말을 다운로드 중이었어요
"괜"
멈춤

나머지 버퍼링 중입니다

아직 완성하지 못한 사람입니다
내 안엔 압축된 것들이 많아요
zip 파일처럼
묵은 감정들이

클릭하면 폭발할 수도 있는
조용한 파편들

어깨선을 따라

감정이 저장되었고
기억이 재생되었고
업데이트 실패였을까요?

여전히 그 감정을
78%즘 받고 있어요
완료 알람은 오지 않았어요
완전히 설치되지 않았는데
그걸
어떻게 받을 수 있을까요?

다운로드 중인 존재 · 2
– 이중 음성 버전

두 명의 배우가 등장하되, 같은 인물일 수도 있고
한 명은 무대에 없고 음성으로만 등장할 수도 있음
A
상대는
답장을 했어요
B
"속삭이듯"
수신 실패
데이터 누락
파일 손상
A
사랑해
라는 말을
하려다가
그냥 '사'에서 멈췄어요
사
"잠시 침묵"
그게 뭐였을까요
B
삭제된 단어
남은 건

입 모양뿐

A

나는 감정을 압축해 저장해요

zip

설치하지 않으면 울지 않아요

근데, 가끔

자동 실행돼요

예고 없이

B

같이 말함

너무 늦은 실행입니다

A

내 마음은 아직 73%예요

완료됐다고 믿고 행동했다가

다시 튕겨 나가요

그럼 어떻게 누군갈 사랑하죠?

B

업데이트를 중단하시겠습니까?

Y, N

정적

A

그 사람은
내가 어떤 감정을 가진지도 모르고
떠났어요
아니
내가 내 감정을
다 받기 전에
그 사람은
떠났어요
B
경고
사라진 자에게 보낼 감정은
재전송되지 않습니다
A
지금도 말하는 중이에요
지금도
숨 고르며
이건 고백이 아니에요
아직
다운로드 중이에요
두 목소리 동시에 낮게
다운로드 중입니다

목소리의 피부

목소리는 피부로 들렸다
소리가 아니라
온도였다

귀가 아니라
팔목으로 듣고
어깨로 눌림을 느끼고
심장으로 울림을 수신한다

그러니까 지금
너의 이름을 부르면
입이 아닌
피부로 진동하게 된다

그 진동이란
과거의 말들이
현재의 살 위로 다시 출력되는 구조다

겹그림씨 · 1

오늘도 손바닥을 펼쳐본다
피부 아래엔 오래된 선들이 얽혀 있고
그 위로
또 다른 선들이 겹쳐 있다
지금의 감정이 아닌
과거의 감정들이 따라 그린 잔상선

손금이 아니라
감정의 겹그림이다
처음의 아픔
다음의 무관심
그 후의 이해
그리고 지금은
차갑다

차갑다는 온도가 아니라
반응의 속도다
느낌이 피부에 도달하기 전에
이미 의미는 얼어붙는다

누군가의 말

누군가의 눈
누군가의 부재

그 모든 것은 손바닥에서 미끄러진다
붙잡을 수 없고
대신 압력을 기억한다

어쩌다 귀를 막았다
너무 많은 소리 때문이었다
그 순간
달팽이관이 울었다
비물질적인 고막이
기억 속에서
목소리와 울음을 겹쳐 틀었다

지금 듣고 있는 이 소리는
너의 것이 아니라
너와 닮은 사람의 말일 뿐인데
나는 헷갈렸다
겹그림씨처럼
감정이 덧씌워졌다

비상등이 깜빡였다
실제 위기 때문이 아니라
정서가 쏟아지기 직전의 경고였다

불이 나지 않아도
대피하고 있었다
너의 말에서
너의 입술에서
너의 존재 전체로부터
나는 팻말을 본다
"여기서부터 기억 금지
감정 침수구간 주의"
주의 무해한 단어에서 울음 발생 가능

팻말은 친절하지만
무력하다
나의 몸은 그것을 읽지 않고
느껴버린다

겹그림씨란
한 번에 겹쳐 들어온

여러 겹의 감각들이
한 장면을 삼키는 순간이다

지금 이 장면을 본다
그러나 이 감정은
처음 만난 날,
잃어버린 날,
너를 잊은 날의 잔광들로 이루어져 있다

이해하는 것은 전혀 다른 시간이다
겹그림씨는
과거의 감정이 현재의 감각에
몰래 그려진 것

그 위에 또 하나의 손바닥을 포개어본다
이번에도
차갑다
그러나 이번엔
그 차가움에 감정이 있다

감정의 무음구간

녹음된 목소리를 듣는다
네 말은 살아 있고
너는 없다

볼륨을 높여도
가까워지지 않는다

음량이 아니라 거리의 문제였다

무엇이든 사라진 이후의 말은
무음의 꼬리표를 달고 도착한다

감정은 소리의 공백에서 더 뚜렷하게 울린다

무음은 소리의 겹그림씨
들리지 않는 감정은
오히려 가장 정직하다

스크린 너머의 시간

영상 속의 너는 웃고 있다
정확히 5년 전의 오후
정지된 프레임 속

'재생'을 누르고
감정을 기다린다
그러나 그 웃음은
지금의 내가 감당할 수 없는 밝기다

눈을 감는다
소리는 재생된다
너의 웃음
너의 숨소리

영상이 아니라
기억의 뒷면을 듣고 있다
스크린은 멈춰 있지만
감정은 **프레임 밖에서 자라고 있었다**

비상등 아래, 감정의 복사

너와 헤어진 날
계단 밑 어딘가에서
비상등이 깜빡이고 있었다

그 불빛은
말없이도 모든 걸 알리는 방식이었다
울지 않아도 비상,
떠나지 않아도 끝이었다

그 깜빡임을 기억하고
같은 주기로
감정도 반짝인다

지금도
어떤 공간에서
같은 비상등을 보면
자동으로
울음을 복사한다

그건 반복이 아니라
감정의 영상 출력이다

멈춘 기억을 재생하지 않는다
**기억은 항상
나보다 먼저 플레이된다**

시선이 겹쳐진 날의 기록

얼굴을 두 번 보았다
하나는 눈으로, 하나는 기억으로
빛은 빠르지만 감정은 느리다
그래서 내가 본 너는
0.3초 전의 감정이 덧씌워진 얼굴이었다

눈은 진실을 보지 않았다
눈은 단지
보고 싶었던 감정을 불러와 겹쳐 놓은 화면이었다

그날 나는 **겹눈**이 되었다
지금도 누군가를 바라볼 때마다
그 밑에는 겹이 있다
보이지 않는 프레임 속
꺼지지 않는 과거

5부　　　손에 남는 빛

색은 말보다 늦게 도착한다
정지된 빛의 움직임
나는 여전히 기억하고 있다
물빛의 결로 쓴 시
하이라이트: 〈한 번도 사라진 적 없는 색〉

목소리의 반사면에 귀 기울이다

누군가 "괜찮냐"고 물었다
나는 대답하지 않았다
내 귀는 그 말보다 먼저
과거의 질문들을 재생하고 있었기 때문이다

"왜 그랬어?"
"정말 아무렇지 않아?"
"그렇게 말하면 나한텐 뭐가 남아?"

그 말들은 재생목록처럼 자동으로 들렸다
지금 들리는 것은
소리의 정면이 아니라
감정의 에코였다

겹귀가 된 이후
나는 말보다
잔향을 먼저 믿게 되었다

되감기된 말의 촉감

말은 입에서 나가기 전에
두 번 되감긴다
처음은 혀로
다음은 기억으로

네 이름을 부르려다
그보다 앞선 울음을 먼저 발음했다

입술이 닫히지 않으면
말은 무한 반복된다

단 한 번도 "사랑해"를 다 말한 적이 없다
매번
"사"
에서
겹그림이 출력되었기 때문이다

손바닥 아래 감정의 중복

누군가 내 손을 잡았다
그러나 그 온도는
지금의 것이 아니었다

체온이 이전의 감정 위에 겹쳐졌다
구분할 수 없었다

이 따뜻함이 현재의 것인지
혹은
그때의 것인지

겹피부가 되어버린 현실은
지금의 손을 사랑하지 못한다
사랑은 온도로 되풀이되기 때문이다
반복된 감정은 감별되지 않는다

무음 구간의 재생 방식

기억은 소리로 재생되지 않는다
정확히 말하자면
기억 속의 감정은 무음 구간을 통과해 재생된다

아무 소리 없이
비상계단을 내려간다
그날, 싸웠던 길
말을 잃고 내려오던 속도
그 침묵의 각도

비상등이 깜빡일 때
그 리듬에 따라
과거의 감정을 플레이한다

기억은 말보다 정직하다
말하지 못했던 감정들이
가장 분명하게 남기 때문이다

출력되지 않은 감정의 포개진 형상

내 몸이 내가 아닐 때가 있다
움직이지만
기억 속의 동작을 되풀이하고 있는 중이다

비를 피하는 자세
사과할 때의 고개 각도
걷다가 멈추는 타이밍

전부 겹그림이다
지금 움직이는 중이지만
그 아래에는
수없이 되풀이된 감정의 좌표가 겹쳐 있다

이 몸은 저장된 것이다
그리고 지금
다시 재생 중이다
출력 중
다만
완전히 실행되진 않는다

겹그림씨 · 2
– 감정의 반사면, 혹은 기억의 재생 방식

전시는 벽이 아니라
감정의 피부로 구성되어 있다
당신은 입장하지 않는다
당신은 감정의 표면 위로, 감각의 이음매를 따라 흘러간다

첫 번째 방은 겹눈의 방이다
들어서는 순간
사방에서 당신을 바라보는 눈들이 있다
그러나 그 눈은 지금의 것이 아니라
기억 속에서 꺼내온 시선의 반사다

천천히 걸어가면
당신의 움직임에 따라
이전 관객의 영상이 오버랩된다
당신이 보고 있는 것은 당신이지만
조금 전의 당신이다
혹은
기억 속 누군가를 닮은 시선이다

두 번째 방은 **겹귀의 방**이다
여기선 아무 말도 들리지 않는다

그러나 당신의 발걸음에 따라
이전의 대화들이 되감기처럼 재생된다
"괜찮냐?"
"정말 아무렇지 않아?"
"그렇게 말하면 나한텐 뭐가 남아?"

말들은 순서 없이 흘러나오고
공간 전체가 **에코로 채워진 귀**처럼 진동한다

세 번째 방은 **겹입술의 통로**다
이곳에선 말이 전시된다
단어가 아니라
말해지지 못한 감정의 구조가

벽에는 단어가 적혀 있다
"사랑해"의 첫 음절
"미안해"의 중간 발음
"다 괜찮을 거야"의 멈춘 문장

관객은 그 문장 아래 서게 되고
그림자 속에서 **자신의 말하지 못한 말**을 상기하게 된다

조명이 깜빡인다
비상등처럼

네 번째 방은 **겹피부의 회랑**이다
온도 센서가 작동한다
어떤 구간에선 피부가 따뜻해지고
어떤 구간에선 차가워진다

당신은 지금 손을 잡고 있지 않지만
누군가의 체온을 기억하게 될 것이다

감정은 재현되지 않는다
그러나 **복사된다**

다섯 번째 방은 **무음기억의 방**이다
여기에는 아무 사운드도 없다
하지만 무음 상태에서
가장 큰 감정이 울릴 수 있도록 구성된 공간이다

빛은 느리게 움직이고
영상은 재생되지 않는다

대신 화면 아래
작은 문장이 떠 있다

"기억은 항상
나보다 먼저 플레이된다"

마지막 방은 **겹몸의 출력실**이다
당신이 지나온 감정과 동선은
실시간으로 기록되고
그걸 겹쳐 놓은 디지털 실루엣이
한 면의 투명 벽에 출력된다

당신은 그 앞에 선다
그러나 그것은 '당신'이 아니다
당신이 되풀이한 감정들의 다층 복사본이다
그 안엔 손짓, 망설임, 멈춤, 되돌아봄 같은
말보다 구체적인 기억들이
겹겹이 축적되어 있다

이 전시는 끝나지 않는다
퇴장로는 없다

대신
마지막 벽에 적힌 문장 하나가
천천히 반짝인다
"이 감정은 출력 중입니다
완전한 재생은
보장되지 않습니다"

물빛들의 착상

추운 겨울의 물은
맑지 않았다
얼어붙기 직전의 반투명
그건 말보다 깊고
기억보다 희미한 결을 갖고 있었다

그 물 속에서
나의 감정을 보았다
아직 세포가 되지 못한 감정
막 착상되려는 기운
살이 되기 전의 울컥함

그 감정은 나를 떠나지 않았고
구성하지도 못했다
물 속의 빛처럼
존재하지만 손에 쥘 수 없는 무엇

그날,
한 문장을 물 속에 흩뜨렸다
누군가에게 말하려 했지만
말로 가지 못한 단어였다

그 단어는 소리가 아닌 움직임이 되었고
움직임은 파장이 되어
물의 표면을 흔들었다

그 흔들림은 오래 남았다
마치 감정이
내 안에서 착상되는 과정을
거꾸로 되짚는 듯이

기억은 환기된다
기억은 언제나 물에서부터 시작된다
불에 그을린 과거도
공기처럼 증발된 이름들도
마침내 돌아올 곳은
물의 체온이다

물 속에 나를 담그고
오랫동안 숨을 참았다
숨이 끊어질 듯이 몰려올 때
누군가의 숨이 내 숨 위에
포개지는 상상을 했다

그것은 입맞춤이 아니었고
그보다 더 오래 지속되는
감정의 이식이었다

세포처럼 분열되었고
물빛은 그 사이를
조용히 메웠다
누구의 것도 아니고
지금은 나의 것이기도 어려웠다

다만,
그날 내가 느낀 감정은
어딘가에서
막 시작되려는 생처럼
차갑고 따뜻했다

이것이 착상의 시제다
아직 이름 붙이지 않은 감정이
몸에 머물기 전의
느리고 반짝이는
물빛의 언어

나는 그것을
심장으로 말하지 못한 대신
물 속에서 기억한다

응고의 시제

감정은 응고되었다
언어로 고정된 것은 아니었다
이름을 붙이지 못한 채
단지 몸 안 어딘가에서 굳기 시작한 물이었다

그것을 얼음이라 부르지 않았다
얼음은 표면을 닫지만
이것은
내 안의 결을 따라 서서히 경화되는 어떤 감정의 층이었다

처음, 나는 그것이
고요함인 줄 알았다
소리의 부재
움직임의 멈춤
그러나 그 안엔
무언가 부서지는 소리가 있었다

깨지지 않은 얼음 속에서
감정이 쪼개지는 소리를 들었다
아주 작고 느린
마치 누군가 속삭이듯

"여기 있어"라고 말하는 균열의 목소리

내 안에서 굳어가는 것을 느꼈다
그건 슬픔이기도 했고
이해이기도 했고
한때 꺼내지 못한 말들이
물의 가장자리에 맺혀 언어로 굳어가는 중이었다

입 안에 머금은
말하지 못한 문장이
하루에 한 자씩 굳는다
그것은 설탕이 아니라
소금에 가깝다
짠맛은 늦게 도착하지만
오래 남는다

응고된 감정은
형태를 갖는 대신
경계를 갖는다

나와 타인 사이의 벽이 되어가는 중임을 느낀다

말을 붙이면 녹을까?
온기를 주면 흐를까?
아니
감정은 어느 순간
자기 체온을 스스로 기억한다
응고는 타인이 아니라
내부 온도에서 비롯된 선택이다

나를 잠깐 내려놓고
물을 들여다본다
그 안엔 내가 있고
내 안엔 아직 해동되지 않은
감정의 정체가 있다

그것은
굳었지만 죽지 않은 감정

이것이
응고의 시제
다음 계절이 오기 전
감정이 잠시 멈추어

자기 자신을 읽는 시간

나는 얼지 않기 위해
조금 더 천천히
나를 받아들인다

계절의 쉼표가 겹쳐졌다

계절이 끝나지 않고
다음 계절이 시작되지 않았다
봄의 녹색이 물러가지 않았고
겨울의 흰빛이 아직 다 지워지지 않았다

그 둘 사이의
쉼표 위에 놓여 있었다
멈춘 게 아니라
겹쳐진 것이었다

하늘은 입방체였다
가장자리가 접히지 않고
구조가 무게를 잃지 않는 감정의 도형
그 입방체는 비유가 아니라
나를 덮고 있는 현실이었다

모서리마다 계절의 결이 다르고
그 안에서 방향을 잃는다
빛은 사방으로 번졌고
시간은 한 점에 머물렀다

그 입방체의 내부엔
바람도 없고
문장도 없었다

그 속에 새 한 마리
날개를 펴고 있었다
그러나 날아가지 않았다
날개는 펄럭이지 않고
그저 **물처럼 흘렀다**

처음 보았다
흐르는 날개
비행을 포기한 자유
혹은
날갯짓이 사라진 몸짓

그 새는
언어를 잃은 생각 같았고
강물 속에 접힌 마음 같았다
입방체 아래엔 강물이 있었다
흘러가는 물 위엔

누구의 말도 없었다
그 물은 기억을 흘리는 게 아니라
기억을 되감는 방식으로 움직였다

내가 발을 담그면
과거가 물결을 따라
나를 향해 돌아왔다

**말하지 못한 채
흘려보냈던 감정들의 회귀였다**

나는 멈춰 있었다
그러나 빛은 멈추지 않았다
빛깔 하나
붉지도 푸르지도 않은
홀로 떠 있는 감정의 조각이
내 앞에 있었다

그건 누구의 얼굴도
어떤 계절의 조각도 아니었다
내가 꺼내지 못한

단 하나의 말
그 말이 색으로 남은 채
입방체 안을 떠다니고 있었다

그 빛깔을 잡지 않았다
대신 바라보았다
잠시
아주 오래

이것이
계절의 쉼표가 겹쳐지는 방식이다
시간은 멈추지 않고
감정은 겹치고
몸은 흐르지 않고
빛만이 홀로 떠 있다

그리고 나는
그 안에서 **계절이 아닌 감정을 기다리고 있었다**

무늬의 빛을 따라간 사람

그날, 한 빛깔을 보았다
그것은 붉지 않았고
푸르지도 않았으며
노랗지도 않았다
말하자면 그것은
아직 이름 붙여지지 않은 색이었다

누구의 감정도
어떤 계절도
그 위에 닿지 못했다

그 빛깔은
물 위에 떠 있었고
공기 속에서도 지워지지 않았다

그것은 **나보다 가볍고
생각보다 깊었다**

그것을 따라 걷기 시작했다
길은 없었고
방향도 없었지만

그 색이 가리키는 쪽엔
어떤 결이 있었다

시간이 움직이지 않았다
그러나 내 몸은
느린 심장처럼
빛을 따라 고동쳤다

그 색은 점점 나를
이해할 수 없는 곳으로 데려갔다
풍경은 사라졌고
기억은 물처럼 맺혔다

그건
색이 낸 소리였다
색은 말없이 속삭이고
침묵으로 대답했다

그때 나는 알았다
이 빛깔은
내가 지금까지 감추고 있었던

말의 무늬라는 것을

그 무늬 속에 들어갔다
그건 입구 없는 방
출구 없는 고요
가장 느린 회귀였다

빛깔은 내 몸 안으로 스며들었고
색으로 된 감정을
소유하게 되었다

그 이후
나는 계절을 믿지 않았다
계절은 바뀌지만
그 빛깔은
내 안에서 한 번도 움직인 적이 없었다

시간이 아닌 빛깔을 따라 살아가는 사람이 되었기 때문이다

빛의 사라지는 방식에 대하여

그날 아침
나는 빛깔을 보지 못했다

늘 거기 있던 그것
붉지도, 푸르지도, 노랗지도 않았던
나만의 무늬가
어느 틈에선가 사라져 있었다

두 눈을 비볐다
눈은 멀쩡했고
공기엔 결함이 없었다
가장 중요한 좌표 하나가
화면에서 삭제된 것처럼
조용히 사라져 있었다

혼란스러워하지 않았다
혼란조차 감정의 일종이고
감정은 색 위에 서야 피어난다

지금 무색 상태의 감정을 겪는 중이었다
표현되지 않고

소리도 없이 흐르는
투명한 불안

누구에게도 보여줄 수 없는 상실이었다

사람들은 말했다
"기분이 좀 어때?"

색이 없는 기분은
형체도, 경계도 없다
그건
몸 안을 떠도는 미세한 균열이고
설명할 수 없는 무력감이다

그날 하루 종일
무언가를 마시지 않았다
물을 마시고 싶지 않았고
커피의 쓴맛도 감지되지 않았다

감정은 빛 위에 올라타야 맛이 난다
지금의 나는

무맛의 존재였다

밤이 왔고
마지막으로 빛을 기다렸다
빛깔이 다시 돌아올지도 모른다는
기대는
내 안에서 마침내
무언가로 굳기 시작했다

슬픔도 아니고
절망도 아니고
그저
무채색의 믿음 같은 것

어느 색으로도 환원할 수 없을 뿐,

그 색이
스스로 번질지도 몰랐다

이건
빛을 잃은 날의 기록

시간이 아니라
감정의 조도(照度)가 사라진 상태에 대한
심장의 자필 보고서이다

그리고 그 아래
작게 적는다
"다시 볼 수 없을 수도 있다
하지만 그것이
없었다는 뜻은 아니다"

빛을 다시 그리는 사람

빛을 잃고 나서
다시 그리기로 했다

색은 기억으로부터 오지 않았다
기억은 지나치게 뚜렷해서
감정을 오히려 퇴색시켰다

기억이 아닌
느낌의 윤곽으로부터 시작하기로 했다

아주 흐린 투명
차가운 유리컵의 맨 끝자락
서늘한 손등의 잔털 사이
한순간 지나가는 빛의 결

그걸 붓끝에 얹었지만
종이는 반응하지 않았다
처음 그린 색은
정말이지 아무것도 아니었다

종이가 아니라

공기 위에 그리기 시작했다

공기엔 기억이 없고
촉감만 있다

손을 들어 누군가의 손을 쥐듯
허공을 눌렀다

그리고 아주 천천히
숨을 들이쉬었다

숨은 색을 품지 않지만
색이 자주
숨과 함께 왔다

그 다음 색은
긴 터널의 끝에서
자동차가 켜놓은 라이트처럼
서서히 나에게로 왔다

너무 느려서

도착하는 중인지조차
눈치채기 어려웠다

**느낌은 늦게 도착하지만
가장 진실한 색을 가져온다**

그림자는 색을 모른다
그러나, 어둠의 농담으로부터
빛의 대비를 배운다

그래서 밤에 그린다
누가 보지 않을 때
빛이 잠든 시간에
색의 감정만 깨어 있는 그 틈에서

아직 정확한 색을 그리지 못했다
몇 가지 빛의 가능성을
내 안에 모으고 있다

어떤 건
소리로 다가왔고

어떤 건
무표정한 눈빛에서
잠시 떠올랐다

그 조각들을 구분하지 않는다

색은 분류되지 않을 때,
사실 빛이 아니라
그때 말하지 못한 감정들이다
그 감정은 이제
형태도 없고
시간도 갖지 않는다

그 감정을 색처럼 상상하고
빛처럼 잊었다가
또다시
작은 공기 떨림처럼
눈앞에 불러오는 중이다

그리고 언젠가
누군가 내게 묻는다면

"그건 무슨 색이야?"라고

"그건
다시 말하려는 감정의 첫 번째 입김 같은 거야
보이지 않지만,
틀림없이 떠 있는 것"

색이 사라지지 않게 하기 위해 나는 쓴다

어느 날부터인가
감정이 흐르지 않았다

화가 나도, 슬퍼도, 기뻐도
색이 번지지 않았다
마치 감정이
내 안에서 투명해진 것처럼
표면에 흔적을 남기지 않았다

나는 두려웠다
기억이 사라지는 것이 아니라
감정의 색깔이 사라진다는 것
그건 존재의 빛이 꺼지는 일과 같았다

그래서 나는 쓰기 시작했다
내가 기억하는 모든 색을
그 감정들이 지나간 궤도를
날짜 없이, 시간 없이
감각만으로 적기 시작했다

"3월 즈음

누군가의 뒷모습을 보며 느꼈던
탁한 연분홍색의 어지러움"

불면증 셋째 날 밤
이불 속에서 떠오르던
먹지 않은 귤의 껍질 같은 감정

네가 아무 말도 하지 않던 저녁
투명한 회색에 가까운 정적

그것들이
말이 되지 않더라도
빛처럼 남게 하고 싶었다

사람들은 말한다
기억은 시간이 지나면 희미해지지

기억보다 먼저
감정이 먼저 휘발된다는 것

말보다 빠르게

색이 사라진다는 것

감정을 붙들기 위해
쓰는 것이 아니라
사라지는 빛을 붙들기 위해 쓴다

언젠가는 이 기록도 무의미해질 것이다
색이 없는 세상에서
이것들은 단지 잉크일 테니까

그러나 그 잉크 속엔
한때 확실히 존재했던 감정의 진동이 있다

그걸 아는 사람에게만
이 글은 무언가로 보일 것이다
아니
무언가로 느껴질 것이다

나는 오늘도 쓴다
내가 지나온 색들을
내가 느끼지 못할까 두려워

놓쳐버릴까 겁이 나서
쓰고, 또 쓴다

때로는 아무 빛도 기억나지 않지만
그조차 적는다
"오늘, 색이 떠오르지 않았다"

이건 다만
기억이 아니다
이건
빛의 잔향에 대한 증언이다

색이 사라지지 않게 하기 위해
나는 오늘도
감정의 가장자리에서
기록하는 사람으로 남는다

한 번도 사라진 적 없는 색

그 색이
사라졌다고 생각했다
더는 느껴지지 않고
보이지 않았고
어느 대화에서도
그 색에 대해 말할 수 없었다

그것은 사라진 것이 아니라
너무 가까이 있어서
내 눈 안에서 맺히지 않았던 것

색은 감정의 피부였다
때론 너무 얇아서
촉감보다 빠르게 스며들었다

지금도
그 색을 말할 수 없다
대신
그 색으로 살아가고 있다

한 번도 사라진 적 없는 색

언어 이전의 감정
나의 내면을 비추는
가장 느린 빛의 반사

그 기록은
언제나 나보다 먼저 떠오른다

순수시선 693

감정 스펙트럼 노트

김선영 지음

2025. 7. 20. 초판
2025. 7. 25. 발행

발행처 · 순수문학사
출판주간 · 朴永河
등　록　제2-1572호

서울 중구 퇴계로48길 11, 협성BD 202호
TEL (02) 2277-6637~8
FAX (02) 2279-7995
E-mail ; seonsookr@hanmail.net

· 저자와의 합의하에 인지를 생략함
· 잘못된 책은 바꾸어 드립니다

ISBN 979-11-91153-84-2

가격 15,000원